LE
KARMA

Création de maquette et mise en pages : Marie Brosseau – PCA-CMB.

ISBN : 978-2-36188-943-2

www.editions-tredaniel.com
info@guytredaniel.fr
www.facebook.com/tredanieleso
@tredaniel_eso

Isabelle Cerf

LE KARMA

Comprendre ses lois et les maîtriser pour être soi

ÉDITIONS
EXERGUE
27, rue des Grands-Augustins
75006 Paris

AVERTISSEMENT

Ce livre explore le concept du karma. Bien que l'auteure croie en ce concept, il est important de noter que :

- les idées présentées dans cet ouvrage sont fondées sur des croyances personnelles et spirituelles, et non sur des faits scientifiquement prouvés ;
- votre libre arbitre reste primordial ;
- chaque individu est responsable de ses propres choix et actions. Ce livre est conçu pour offrir une perspective alternative, non pour dicter votre comportement ou vos décisions de vie ;
- il est recommandé d'aborder ce contenu avec un esprit ouvert mais critique, en l'intégrant de manière équilibrée à votre propre vision du monde et à vos expériences personnelles ;

- en cas de problèmes sérieux, il est toujours conseillé de consulter des professionnels qualifiés plutôt que de se fier uniquement à des interprétations ésotériques qui ne sauraient se soustraire à un avis médical. L'auteure et l'éditeur déclinent toute responsabilité provenant directement ou indirectement de l'utilisation de ce livre.

L'auteure vous invite à explorer ces idées tout en gardant à l'esprit que vous êtes le maître de votre propre destin.

Note de l'auteure

Même si ce livre est écrit selon la norme lexicale en vigueur, il s'adresse à chaque âme dans sa pluralité : originale, unique, fière d'elle et des valeurs qu'elle porte.

Il est parfois suggéré que le tutoiement implique d'une certaine façon un biais d'autorité ou une infantilisation. Or, il est pour moi très important de l'utiliser, car, dans ce livre, je te parle d'âme à âme, d'égal à égal, de cœur à cœur, et je ne souhaite pas par le vouvoiement mettre la moindre distance entre nous.

SOMMAIRE

DÉFINITION

Le karma est un concept présent dans plusieurs philosophies et religions d'Asie, notamment l'hindouisme et le bouddhisme. Le terme « karma » prend son origine dans le sanskrit et se réfère au champ de l'« action ». Cette notion repose sur le principe que toute action, qu'elle soit physique, verbale ou mentale, engendre une réaction et a des conséquences positives ou négatives sur le cours de notre existence actuelle et future.

Le concept de karma est profondément lié à celui de réincarnation. Selon cette croyance, l'âme (ou conscience) d'un être vivant ne meurt pas avec le corps physique, mais se réincarne dans un nouveau corps après la mort. Chaque âme part ainsi de sa source, de sa lignée karmique, pour s'incarner dans différents corps au fil des existences. Au cours de ses multiples vies, elle interagit avec différentes personnes et fait face à diverses situations, accumulant des expériences et des enseignements.

Le but de chaque incarnation est d'intégrer les leçons tirées de ces expériences pour développer une véritable sagesse intérieure. Cette sagesse participe d'une logique supérieure dont nous n'avons pas toujours conscience dans notre existence actuelle.

Le karma peut ainsi être considéré comme le bagage de notre âme, la somme de toutes nos actions et leurs conséquences sur nos vies passées, présentes et futures. Il est souvent décrit comme étant situé dans notre corps causal, lié au chakra de la gorge.

À chaque instant de notre existence, nous travaillons sur notre karma. Nos pensées, nos paroles et nos actions créent des forces qui l'influencent, soit en nous détachant de certaines dettes karmiques, soit en en créant de nouvelles. Cette conception encourage la responsabilité individuelle et l'importance de cultiver des actions personnelles et bienveillantes en prenant conscience qu'on fait de notre mieux avec les moyens qu'on a.

Il est important de comprendre que le karma n'est pas un système de punition ou de récompense imposé par une entité extérieure, mais plutôt une loi naturelle de cause à effet qui s'applique à nos actions et leurs conséquences. L'objectif n'est pas de juger ces actions comme « bonnes » ou « mauvaises », mais de comprendre leurs effets et d'apprendre à agir avec sagesse et compassion.

Dans de nombreuses traditions spirituelles, la compréhension et la transcendance du karma sont considérées comme des étapes essentielles vers l'éveil ou la réalisation spirituelle. Cela implique souvent de développer une conscience accrue de nos actions et de leurs motivations, ainsi que de cultiver des qualités telles que le détachement, la compassion et la sagesse.

À chaque instant, nous travaillons sur notre karma. Nous pouvons nous apaiser, comme nous pouvons créer des énergies négatives et des dettes karmiques. Quand on pense, parle ou agit, on influence son karma. Quand on vit, on crée son karma.

POURQUOI COMPRENDRE SON KARMA ?

Comprendre notre karma est une démarche profonde qui offre une perspective unique sur notre parcours de vie et notre évolution personnelle. Cette compréhension va bien au-delà d'une simple croyance en la causalité ; elle nous invite à explorer les dimensions subtiles de nos expériences, de nos relations et de notre propre psyché. En nous plongeant dans l'étude de notre karma, nous ouvrons la porte à une sagesse intérieure qui peut éclairer notre présent et guider notre futur. Cette exploration n'est pas une fuite dans la pensée magique, mais plutôt une invitation à une introspection lucide et à une prise de conscience.

Voici plusieurs raisons importantes pour lesquelles la compréhension de notre karma peut s'avérer bénéfique dans notre quête de sens et de développement personnel.

Cela apporte un nouveau regard et un nouveau sens aux événements et aux relations, sans nourrir une pensée magique.

La compréhension du karma offre une perspective plus profonde sur les événements de notre vie et nos relations interpersonnelles. Elle nous permet de voir au-delà des apparences, de discerner les schémas récurrents et les leçons sous-jacentes. Cependant, il est important de maintenir une approche équilibrée et rationnelle, en évitant de tomber dans une pensée magique qui attribuerait tous les événements à des forces mystiques. Cette compréhension nous invite plutôt à une réflexion nuancée sur les causes et les effets de nos actions, tout en reconnaissant la complexité des interactions humaines et des circonstances de la vie.

Cela aide à se comprendre soi-même.

Explorer son karma est un voyage d'introspection profonde. Cela nous permet de mieux comprendre nos tendances, nos forces et nos faiblesses innées. En examinant nos schémas de comportement récurrents et nos réactions émotionnelles, nous pouvons identifier les racines de nos défis personnels et de nos talents. Cette compréhension accrue de nous-mêmes peut nous aider à développer une plus grande compassion envers nous-mêmes, tout en nous donnant les outils pour travailler consciemment sur nos aspects moins développés. C'est un processus d'auto-découverte qui peut mener à une transformation personnelle significative.

Cela apporte des pistes de réflexion sur notre mission de vie.

La compréhension de notre karma peut révéler des indices précieux sur notre mission de vie ou notre but existentiel. En observant les thèmes récurrents dans notre vie, les domaines où nous excellons naturellement et les défis qui semblent constamment se présenter à nous, nous pouvons commencer à discerner un fil conducteur qui pourrait indiquer notre raison d'être plus profonde.

Cela aide à se remettre en question.

L'étude du karma nous encourage à examiner honnêtement nos actions, nos motivations et leurs conséquences. Ce processus de remise en question peut être inconfortable, mais il est essentiel pour notre croissance personnelle. Il nous pousse à assumer la responsabilité de nos choix et de leurs impacts, tout en nous offrant l'opportunité d'effectuer des changements positifs. Cette auto-évaluation constante nous aide à devenir plus conscients de nos schémas de pensée et de comportement, ouvrant ainsi la voie à un nouvel équilibre intérieur.

Cela aide à prendre du recul quant au quotidien et aux circonstances actuelles.

La perspective karmique nous encourage à voir au-delà des préoccupations immédiates et des circonstances momentanées. Elle nous rappelle que chaque expérience, qu'elle soit perçue comme positive ou négative, s'inscrit dans un contexte plus large de notre parcours personnel. Cette vision élargie peut nous aider à naviguer entre les défis quotidiens avec plus de sérénité et de sagesse, en comprenant que chaque situation, même difficile, peut être une opportunité d'apprentissage et de transformation. Cela nous permet de développer une résilience accrue face aux aléas de la vie.

Cela aide à voir le monde extérieur avec un regard plus large.

La compréhension du karma étend notre perception au-delà de notre sphère personnelle, nous invitant à considérer l'interconnexion de toutes choses.

Cette vision plus large nous aide à comprendre que nos actions ont des répercussions bien au-delà de notre expérience immédiate. Elle nous encourage à développer une plus grande empathie et compassion envers les autres, en reconnaissant que chacun est en train de naviguer sur son propre parcours karmique. Cette perspective élargie peut nous inspirer à agir de manière plus consciente et bienveillante dans le monde, contribuant ainsi à un changement positif à plus grande échelle.

LES DIFFÉRENTS TYPES DE KARMA

Il est important de noter que le karma n'est pas une force statique ou un destin immuable. Il est en perpétuel mouvement et peut être influencé par nos actions actuelles.

Le concept de karma est multidimensionnel et s'applique à différentes échelles de notre existence. On peut distinguer plusieurs types de karma, chacun influençant notre vie.

LE KARMA INDIVIDUEL

Ce sont les mémoires de notre âme personnelle, le fruit de nos actions, pensées et intentions à travers nos différentes vies. C'est notre propre karma, unique à chacun. Il englobe nos expériences passées, nos choix présents et influence notre futur. Ce karma est le plus apte à être modifié par nos actions actuelles et il représente notre chemin de transformation personnelle.

LE KARMA FAMILIAL

Ce sont les mémoires transgénérationnelles qui n'appartiennent pas directement à l'âme. Ces mémoires se transmettent de génération en génération au sein d'une même famille terrestre, formant un héritage karmique familial. Elles peuvent être positives (talents, aptitudes) ou négatives (traumatismes, schémas comportementaux destructeurs). Ce karma familial peut expliquer certaines dynamiques récurrentes au sein d'une famille et offre l'opportunité de transcender des blessures ancestrales.

LE KARMA COLLECTIF

Ce sont des mémoires partagées par un ensemble d'individus qui, consciemment ou inconsciemment, vivent et travaillent ensemble sur un même karma. Cela peut concerner des groupes ethniques, des nations, ou des communautés partageant une histoire commune ou un destin commun. L'objectif est souvent de transcender collectivement certaines expériences ou de résoudre des conflits à grande échelle. Ce karma collectif peut expliquer certains mouvements sociaux ou évolutions sociétales.

LE KARMA DU MONDE EXTÉRIEUR

C'est le karma global qui influence l'ensemble de notre environnement. Il est en perpétuel mouvement et résulte de l'interaction complexe entre tous les karmas individuels, familiaux et collectifs. Ce karma mondial se manifeste à travers les événements globaux, les tendances sociales, les avancées technologiques, et même les phénomènes naturels. Il représente le contexte karmique dans lequel nous évoluons tous et influence indirectement nos expériences quotidiennes.

Ces différents types de karma ne sont pas isolés, mais interagissent constamment, créant un réseau d'influences karmiques. Comprendre ces différentes dimensions du karma peut nous aider à mieux appréhender nos expériences de vie, à prendre conscience de notre responsabilité à différents niveaux, et à travailler sur notre évolution personnelle et collective.

LA NATURE DU KARMA

Le karma est souvent perçu de manière binaire, comme étant soit « bon » soit « mauvais ». Cependant, sa nature est bien plus nuancée. On peut le comparer à différentes teintes de gris, allant du très clair au très foncé. Cette métaphore illustre la complexité et la subtilité du karma, qui n'est jamais totalement positif ou négatif, mais est plutôt un mélange d'expériences et de conséquences variées.

Notre karma n'est pas soit négatif, soit positif. Il regroupe un ensemble de forces, de failles, d'enseignements et d'expériences que notre âme considère comme des échecs.

Il est à notre image : il est complexe et nuancé. Il n'est ni totalement négatif ni totalement positif. C'est un subtil mélange de nombreuses choses.

Voici un exemple de karma positif et négatif que nous portons en nous.

LE KARMA POSITIF

Le karma positif se crée à partir de plusieurs éléments.

La sagesse intérieure

- Les enseignements et leçons de vie intégrés lors des existences précédentes.
- La compréhension profonde des conséquences de nos décisions sur notre environnement immédiat.

Les compétences et les connaissances

- Les talents et les aptitudes développés au fil des vies.
- Une facilité à acquérir certaines connaissances ou à maîtriser certaines disciplines.

Les relations harmonieuses

- Des rencontres significatives et des relations épanouissantes.
- Une capacité à créer et maintenir des liens profonds et authentiques.

L'intelligence émotionnelle

- Une connexion positive avec ses propres émotions et celles des autres.
- Une capacité à gérer efficacement les défis émotionnels.

La croissance personnelle

- Un travail sur soi continu et une intégration des enseignements des vies antérieures.
- Une volonté et une capacité à évoluer et à se transformer.

Les expériences positives

- Des situations et des opportunités favorables qui se présentent naturellement.
- Une capacité à reconnaître et à saisir les occasions bénéfiques.

La santé et la vitalité

- Une prédisposition à une bonne santé physique et mentale (à nuancer avec les facteurs génétiques et environnementaux de chaque personne).
- Une énergie et une résilience face aux défis de la vie.

L'abondance et la prospérité

- Une facilité à créer les ressources nécessaires à son épanouissement.
- Le sentiment d'une profonde gratitude pour ce qu'on a sans être toujours dans l'appât du gain.

L'intuition et la guidance spirituelle

- Une connexion forte avec son guide intérieur ou sa source spirituelle.
- Une capacité à recevoir et interpréter les messages spirituels.

La compassion et l'altruisme

- Un désir naturel d'aider et de servir les autres en respectant ses propres limites intérieures.
- Une capacité à ressentir et à agir avec empathie.

Il est important de noter que le karma positif n'est pas une « récompense » pour de bonnes actions passées, mais plutôt le résultat naturel d'actions, de pensées et d'intentions bienveillantes et éclairées. Il représente un potentiel et des opportunités pour continuer à grandir et à évoluer spirituellement en respectant son rythme et celui des autres.

Le karma positif ne garantit pas une vie sans défis ou difficultés. Au contraire, il peut offrir les outils et la sagesse nécessaires pour faire face aux épreuves de manière constructive, transformant ainsi les obstacles en opportunités de croissance.

Comprendre la nature du karma positif peut nous encourager à cultiver des pensées, des paroles et des actions qui contribuent à notre évolution spirituelle et au bien-être collectif, créant ainsi un cercle vertueux de partage et d'harmonie.

LE KARMA NÉGATIF

Le karma négatif se crée à partir de plusieurs éléments.

Certaines expériences perçues comme des échecs

- Des situations récurrentes de difficulté ou d'adversité.
- Un sentiment d'incapacité à progresser dans certains domaines de la vie.

Dettes karmiques

- Des empreintes ou mémoires négatives inscrites dans les énergies de l'âme, liées aux vies antérieures.
- Des conséquences d'actions passées non résolues ou de promesses non tenues.
- Un sentiment de culpabilité ou de remords inexpliqué.

Un refus de contrats d'âmes

- Une résistance à vivre certaines expériences relationnelles malgré le plan de vie de l'âme.
- Un sentiment de passer à côté d'opportunités importantes ou de ne pas être sur un chemin positif pour soi.
- Des conflits intérieurs récurrents entre les désirs personnels et un sentiment de devoir ou de mission.

Des relations inachevées

- Des schémas relationnels répétitifs et insatisfaisants.
- Des difficultés à clore certaines relations ou à pardonner.
- Un sentiment de déjà-vu dans les conflits interpersonnels.

Des réactions émotionnelles cristallisées

- Tendance à réagir de manière excessive ou inappropriée à certaines situations.
- Difficultés à gérer certaines émotions spécifiques (colère, peur, tristesse, etc.).
- Schémas émotionnels destructeurs devenus automatiques envers soi et les autres.

Des blocages karmiques

- Obstacles récurrents dans certains domaines de la vie, créés lors de vies antérieures.
- Peurs irrationnelles ou phobies sans origine apparente dans la vie présente.
- Difficultés à exprimer certains aspects de soi ou à développer certaines compétences.

Des schémas de pensée limitants

- Croyances négatives profondément ancrées sur soi-même ou sur le monde.
- Tendance à l'auto-sabotage ou à la victimisation.
- Difficultés à envisager de nouvelles possibilités ou à sortir de sa zone de confort.

Des difficultés matérielles ou financières

- Problèmes récurrents liés à l'argent ou aux possessions matérielles.
- Sentiment de manque ou de privation constant.

Des défis spirituels

- Sentiment de déconnexion ou d'éloignement de sa source spirituelle.
- Difficultés à trouver un sens ou un but à sa vie.
- Résistance au développement spirituel ou à l'éveil à soi.

Il est crucial de comprendre que le karma négatif n'est pas une punition, mais plutôt une opportunité d'apprentissage et de transformation. Ces défis karmiques sont des invitations à résoudre des conflits non résolus, à acquérir de nouvelles compréhensions et à créer une transformation intérieure.

La prise de conscience de ces aspects du karma négatif peut nous aider à :

- identifier les schémas récurrents dans notre vie ;
- comprendre l'origine profonde de certains de nos défis ;

- travailler consciemment à la transformation de ces énergies négatives ;
- développer la compassion envers nous-mêmes et les autres, en reconnaissant que chacun fait face à ses propres défis karmiques avec ses propres moyens et ses propres limites.

En travaillant sur la résolution de notre karma négatif, nous pouvons non seulement améliorer notre vie présente, mais aussi créer un karma plus positif pour l'avenir.

La nature du karma ne détermine pas en elle-même les événements et la personne.

Sa nature est là, mais c'est la personne, avec son libre arbitre, qui la nourrit.

Un karma négatif n'est pas signe de fatalité ou d'échec. Un karma a la puissance qu'on lui donne avec notre libre arbitre.

La présence de blocages peut aussi être expliquée par d'autres éléments que le karma.

Le but est d'intégrer ces informations comme des pistes de réflexion pour mieux se découvrir et créer une nouvelle relation avec soi-même.

LA DESTINÉE

La réincarnation est un acte d'exploration pour l'âme. Elle choisit de s'incarner afin de poursuivre son chemin de vie et d'aider les autres à le faire. Ce processus offre à l'âme l'opportunité d'expérimenter différentes facettes de l'existence humaine, chaque vie apportant son lot d'apprentissages et de transformation.

Avant chaque incarnation, l'âme entreprend un processus minutieux de planification. En collaboration avec ses guides spirituels, notamment son ange guide et son ange gardien, elle élabore un plan de vie, souvent appelé destinée. Ce plan n'est pas établi au hasard, mais soigneusement conçu en fonction du karma accumulé lors des vies antérieures. L'âme choisit consciemment le lieu, le moment et la famille de sa naissance, créant ainsi le contexte idéal pour les expériences qu'elle souhaite vivre et les leçons qu'elle a besoin d'apprendre.

La destinée, telle qu'elle est définie dans ce plan prénatal, n'est pas synonyme de fatalité. Elle représente plutôt une direction générale, un cadre flexible au sein duquel l'âme évoluera durant sa vie terrestre. Ce plan inclut des carrefours de vie significatifs et des expériences clés, conçus pour offrir des opportunités de transformation intérieure.

Cependant, l'existence du plan de vie n'enlève rien à l'importance du libre arbitre. Bien que certains événements puissent sembler prédestinés, la manière dont la personne y réagit et les décisions qu'elle prend à chaque carrefour de sa vie restent entièrement de son ressort. La vie devient ainsi une danse subtile entre le plan préétabli et les choix spontanés, entre l'acceptation des événements extérieurs et l'exercice actif du libre arbitre. Ce sont les carrefours de vie qui sont écrits. La réaction de la personne ne l'est pas et s'inscrit dans son parcours par ses propres décisions et ses propres actions.

Il peut y avoir des signes et des synchronicités pour guider l'âme sur son chemin, mais la capacité à reconnaître et à interpréter ces signes fait partie intégrante du voyage intérieur de chacun. Il est important de noter que le plan de vie n'est pas rigide ; il peut évoluer en fonction des choix et du chemin de l'âme au cours de son existence.

Comprendre sa destinée peut apporter un sens profond aux expériences de vie, tout en rappelant à chacun son pouvoir de choix et sa responsabilité dans sa propre destinée.

LES DIFFÉRENTS TYPES DE VIE

Dans le cycle des réincarnations, chaque vie a un but et une signification uniques. L'âme choisit différents types d'incarnation en fonction de ses besoins d'incarnation et de ses expériences passées. Comprendre ces différents types de vie peut nous aider à mieux saisir notre propre parcours et à donner un nouveau sens à nos expériences terrestres.

LES VIES DE REPOS

Les vies de repos représentent une phase essentielle dans le parcours de l'âme, offrant une période de régénération après des existences particulièrement éprouvantes.

Dans ces incarnations, l'âme répond principalement à des besoins extérieurs, comme la participation à l'égrégore collectif ou l'accompagnement d'une âme sœur, sans s'engager dans des défis personnels majeurs.

Caractérisées par une apparente « chance » et une relative absence de grands obstacles, ces vies se déroulent à un rythme moins stressant, permettant à l'âme de se ressourcer et d'intégrer les leçons des expériences passées. Bien que moins intenses en apparence, elles offrent des opportunités de transformation, notamment dans le développement de qualités telles que la gratitude, l'appréciation du moment présent et la capacité à vivre dans la simplicité.

Ces périodes servent également de préparation pour des incarnations futures potentiellement plus exigeantes, permettant à l'âme de se recentrer et de garder confiance en elle. Malgré le risque de stagnation, ces vies de repos jouent un rôle important dans l'équilibre global du parcours spirituel, offrant un espace pour la régénération émotionnelle et spirituelle, le développement de l'intuition et une contribution à l'harmonie collective. Ainsi, loin d'être des parenthèses insignifiantes, ces incarnations sont des moments importants d'ancrages et d'instants présents.

LES VIES POUR L'AUTRE

Les vies pour l'autre représentent une forme d'incarnation profondément altruiste, où l'âme choisit de se consacrer presque entièrement au service d'autrui et à l'amélioration de l'égrégore collectif.

Dans ces existences, la personne est guidée par une forte vocation d'aide et de soutien, s'orientant souvent vers des professions d'assistance, un engagement communautaire intense, ou un rôle de soutien émotionnel et spirituel pour son entourage. Ces vies impliquent fréquemment un sacrifice personnel significatif, l'individu mettant de côté ses propres désirs au profit des besoins des autres.

Bien que ces incarnations présentent des défis importants, tels que le risque d'épuisement et la difficulté à maintenir un équilibre personnel, elles offrent également des opportunités de transformation intérieure. L'âme y développe une profonde compassion, une compréhension accrue de la notion de partage, et expérimente la joie du service désintéressé.

En se dévouant ainsi au travail sur l'égrégore collectif, ces âmes contribuent significativement au bien-être des autres, leur influence ayant souvent des répercussions profondes et durables sur le plan collectif.

Il est important que les âmes ayant ce type d'incarnation puissent poser des limites pour que cet altruisme et ce besoin d'entraide ne se transforment pas en une énergie sacrificielle. Ces âmes ont un grand besoin de se concentrer sur ce mantra tout au long de leur existence : « Tout ce que j'apporte aux autres, je l'apporte d'abord à moi-même. »

Aucun type de vie ne mérite qu'une personne oublie la création de son propre bonheur au profit des autres.

LES VIES DE TRANSFORMATION KARMIQUE

Les vies de transformation karmique représentent un choix courageux de l'âme de confronter et résoudre son karma négatif accumulé.

Ces incarnations sont marquées par une intensité particulière, caractérisée par des défis récurrents, des expériences émotionnellement chargées et des situations qui poussent la personne vers ses limites personnelles. L'impression d'un « acharnement du sort » est fréquente, avec une succession d'épreuves qui peuvent sembler injustes ou insurmontables.

Cependant, ces vies offrent une opportunité de transformation profonde. La clé réside dans la « volonté de transformation karmique » de la personne, une détermination intérieure qui la guide à travers les obstacles. Bien que difficiles, ces expériences permettent de se détacher de schémas négatifs ancrés, de développer une résilience exceptionnelle et d'acquérir une compréhension de soi-même. Chaque défi surmonté transforme le fardeau karmique, préparant l'âme à des expériences plus sereines dans ses futures incarnations.

Ainsi, malgré leur intensité, ces vies sont souvent les plus transformatrices, offrant à l'âme la possibilité de se détacher de ses entraves passées et d'avancer vers une existence plus libre et légère.

Au-delà de ce plan de vie, l'âme a toutes les possibilités pour créer son propre bonheur et pour profiter de l'instant présent. Au-delà du karma négatif qu'elle souhaite transcender, elle peut créer un chemin de vie positif pour elle.

Ce plan de vie n'est pas synonyme de malheur ou de soumission à la fatalité. Il apporte un autre regard sur les événements extérieurs présents dans la vie de la personne.

LES VIES D'APPRENTISSAGE

Les vies d'apprentissage représentent une période d'immersion intense dans l'expérience humaine, où l'âme choisit délibérément de s'exposer à une variété de situations pour acquérir rapidement des connaissances et des compétences intérieures.

Caractérisées par un rythme accéléré et une diversité d'expériences, ces incarnations ne se focalisent pas nécessairement sur la résolution de dettes karmiques, mais plutôt sur l'accumulation de nouvelles compréhensions. Bien que l'apprentissage puisse se faire par la joie, il est souvent observé que sur Terre, les enseignements les plus profonds découlent d'expériences difficiles ou douloureuses. L'individu peut ainsi se trouver confronté à une succession rapide de défis, de rencontres significatives et d'événements importants, chacun apportant ses propres leçons.

Cette intensité peut parfois sembler écrasante, risquant de mener à une forme d'épuisement intérieur ou émotionnel. Cependant, ces vies offrent également des opportunités de remise en question accélérées, permettant à l'âme d'acquérir une forme de sagesse, une grande adaptabilité et une compréhension globale de son être intérieur.

Ainsi, malgré leur nature exigeante, ces vies d'apprentissage jouent un rôle important dans la transformation intérieure de l'âme, formant une base solide pour ses futures incarnations et contribuant significativement à son cheminement spirituel.

Cela lui permet, dans l'incarnation présente, de développer un esprit vif, de grandes capacités d'adaptation et d'adopter une vraie ouverture à des cadres différents du sien. L'âme développe une grande tolérance et un profond besoin de découvertes.

LES VIES RÉPÉTITIVES

Les vies répétitives représentent une phase particulière dans l'incarnation de l'âme, caractérisée par une stagnation due à la répétition inconsciente de schémas de pensées, de comportements ou de relations dysfonctionnels.

Dans ces incarnations, l'âme semble piégée dans un cycle récurrent d'expériences similaires, se retrouvant confrontée à des circonstances de vie étonnamment semblables d'une vie à l'autre. Ce phénomène se manifeste souvent par des relations toxiques récurrentes, des difficultés professionnelles ou financières cycliques, ou des conflits interpersonnels répétitifs. La personne, généralement inconsciente de ces schémas, peut ressentir une frustration latente ou un sentiment d'impuissance face à sa vie.

Paradoxalement, la familiarité de ces schémas, même négatifs, peut créer une résistance au changement. Cependant, ces vies répétitives ne sont pas dénuées de sens dans le parcours d'incarnations. Elles offrent des opportunités répétées d'apprentissage, préparant l'âme à une prise de conscience importante.

Cette prise de conscience, une fois atteinte, peut agir comme un puissant catalyseur, brisant le cycle répétitif et ouvrant la voie à une nouvelle phase d'incarnation positive.

Ainsi, bien que semblant improductives en surface, ces vies jouent un rôle important dans le cheminement de l'âme, lui permettant de travailler en profondeur sur certains aspects jusqu'à ce qu'elle soit prête pour un changement significatif et une avancée vers de nouveaux défis et expériences.

LES VIES DE REFUS

Les vies de refus représentent un phénomène intéressant dans le parcours de l'âme, où celle-ci, une fois incarnée, rejette activement son plan d'incarnation initial.

Ce rejet se manifeste par des choix et des comportements totalement opposés aux intentions originelles, créant une tension palpable entre les désirs conscients de la personne et les aspirations profondes de son âme. Ces incarnations sont marquées par une intensité émotionnelle particulière, souvent accompagnée d'un sentiment persistant de déconnexion ou d'être « hors de son chemin ».

Paradoxalement, ce refus peut engendrer des résultats contrastés : d'une part, il peut mener à des blocages significatifs et intérieurs, d'autre part, il peut ouvrir la voie à des apprentissages inattendus et à une compréhension intense des conséquences de nos choix. Cette dualité fait des vies de refus un terrain d'exploration profond du libre arbitre et de ses implications. Bien que potentiellement déstabilisantes, ces expériences offrent à l'âme l'opportunité de renforcer sa volonté, d'approfondir sa compréhension de soi et, finalement, de réaffirmer ou de redéfinir son chemin de vie.

Ainsi, malgré leur apparente contradiction, ces vies jouent un rôle important dans le parcours d'incarnations de l'âme, préparant souvent le terrain à des prises de conscience importantes pour cette vie-ci et pour les prochaines vies.

LES VIES D'AMOUR

Les vies d'amour représentent une phase intéressante dans le voyage de l'âme, où le but de l'existence terrestre est centré sur l'exploration et l'expression de l'amour sous toutes ses formes.

Dans ces incarnations, la personne place les relations personnelles et les partages émotionnels au cœur de son expérience, offrant une immersion profonde dans le spectre des émotions liées à l'amour. Ces vies sont marquées par des rencontres intenses, parfois avec des âmes sœurs longtemps perdues, ou par une ouverture nouvelle à l'amour pour une âme qui s'y était auparavant refusée. Elles présentent une opportunité de transformation émotionnelle, de transformation de schémas relationnels passés, et de développement d'une empathie et d'une intelligence émotionnelle accrues.

Bien que centrées sur le plan personnel, ces expériences ont de fortes répercussions sur la totalité de l'incarnation, permettant une transformation profonde. Elles offrent la possibilité d'explorer l'amour comme une force positive, menant à la compréhension de l'amour sous toutes ses formes.

Cependant, ces vies comportent aussi des défis, notamment celui de maintenir un équilibre avec d'autres aspects de l'existence et de transformer l'amour personnel en une force intérieure. Malgré ces défis, les vies d'amour restent des périodes importantes de « recharge émotionnelle » dans le parcours de l'âme, offrant une opportunité de vivre de très beaux échanges et de profiter pleinement de l'instant présent.

LES VIES D'INSPIRATION

Les vies d'inspiration incarnent une forme d'incarnation intéressante, où l'âme choisit délibérément de devenir un phare de positivité et de transformation pour les autres.

Dans ces incarnations, la personne rayonne naturellement d'une énergie qui inspire son entourage, contribuant ainsi à améliorer le karma collectif. Que ce soit par le biais de la création artistique, de l'innovation, de l'enseignement ou de l'activisme social, ces âmes s'efforcent de catalyser des changements positifs à grande échelle.

Cependant, ce rôle n'est pas sans défis : la pression de l'exemplarité, le risque d'incompréhension et parfois même l'isolement peuvent peser lourdement. L'âme peut choisir de vivre cette mission dans le confort ou l'inconfort, chaque voie offrant ses propres leçons et opportunités de transformation. Malgré ces difficultés, ces vies offrent une opportunité de développer une profonde compassion, une maîtrise de soi et une sagesse positive. En inspirant les autres, ces âmes non seulement sèment des graines de changement dans la conscience collective, mais invitent également à se diriger vers de nouvelles façons de vivre et d'interagir.

Ainsi, les vies d'inspiration représentent un vrai vecteur de transformation, tant pour la personne que pour son entourage.

LES VIES DE SACRIFICE

Les vies de sacrifice représentent une forme d'incarnation poignante et profonde, où l'âme choisit délibérément de renoncer à son bien-être personnel, à ses désirs, ou même à sa vie, dans le but noble d'apporter un enseignement important ou de faciliter une expérience de transformation pour une autre âme ou un groupe d'âmes.

Ces incarnations sont caractérisées par un altruisme extrême et une compréhension profonde de l'interconnexion de toutes les âmes. Qu'il s'agisse de donner sa vie pour une cause plus grande, de renoncer à des opportunités personnelles, ou de se dévouer entièrement au service des autres dans des conditions difficiles, ces vies deviennent des leçons vivantes de compassion, d'amour inconditionnel et de courage.

Cependant, elles ne sont pas exemptes de défis : la souffrance personnelle, le risque d'incompréhension et la tentation de l'amertume sont des obstacles à surmonter. Malgré ces difficultés, ces vies offrent des opportunités de transformation intérieure, permettant le développement de l'amour sous toutes ses formes, l'équilibre de l'ego et une compréhension plus profonde des liens entre toutes les âmes. Elles jouent souvent un rôle important dans l'équilibre collectif, servant d'exemples qui peuvent inspirer des changements profonds dans la conscience collective.

Néanmoins, il est essentiel que ces sacrifices soient abordés avec sagesse et discernement, car un sacrifice mal compris peut créer plus de problèmes qu'il n'en résout. En fin de compte, ces vies nous invitent à réfléchir profondément sur la nature de l'amour, du libre arbitre et de notre responsabilité les uns envers les autres. Elles nous invitent à prendre conscience qu'un sacrifice n'est pas toujours la solution positive pour soi ou pour autrui. Elles mettent en avant l'importance des limites personnelles pour interagir avec les autres.

LES VIES DE RÉPARATION

Les vies de réparation représentent une étape importante et souvent intense dans le parcours d'incarnation de l'âme, où celle-ci s'incarne spécifiquement pour rectifier des actions passées et transformer un karma négatif accumulé.

Ces incarnations sont marquées par une forte intention de transformation et de rééquilibrage, confrontant l'âme à des situations directement liées à ses expériences de vie antérieures. Qu'il s'agisse de réconciliations relationnelles, de compensations matérielles, de service altruiste ou de transformations personnelles profondes, ces vies offrent de nombreuses opportunités de faire des choix différents et de transformer les blessures causées et subies.

Bien que chargées de défis intenses tels que la confrontation à la culpabilité, la résistance au changement et la peur de l'échec, elles présentent également des opportunités de développer la compassion, de renforcer l'intégrité et d'élargir la conscience. Le défi principal réside dans le maintien d'un dialogue intérieur positif, évitant l'autoflagellation excessive tout en reconnaissant sincèrement ses erreurs passées.

Ces vies jouent un rôle essentiel non seulement dans le bien-être de l'âme, en transformant le poids karmique, mais aussi dans l'harmonie collective, en créant un nouveau chemin de vie.

LES 12 RÈGLES DU KARMA

Les 12 règles du karma sont des pistes de réflexion pour t'aider à créer une nouvelle relation avec ton âme tout en profitant de l'instant présent.

Comme les 4 accords toltèques de Don Miguel Ruiz, ce sont des balises qui nous aident à créer une nouvelle relation avec nous-mêmes sans que l'on puisse totalement les suivre dans leur intégralité.

Il est important d'avoir conscience que nous sommes des êtres imparfaits. Nous sommes incapables de bien faire, tout le temps, quel que soit l'événement que nous vivons.

Intègre ces 12 règles en ayant conscience de tes ressources, mais aussi de tes failles et de ta partie sombre. Tu ne peux pas toujours toutes les appliquer et cela est tout à fait normal.

1. LA GRANDE LOI : « NOUS RÉCOLTONS CE QUE NOUS SEMONS »

Cette loi est en lien avec la loi d'attraction, et surtout elle aide à prendre conscience de notre part de responsabilité. Elle aide à comprendre qu'avec nuance, nous nous dirigeons vers ce que nous pensons. Quand on pense à quelque chose, cela guide nos pas et nos actions. Quand on pense à quelque chose, on avance dans sa direction. C'est cela, le principe de la loi d'attraction. Le but est bien entendu de le nuancer pour ne pas créer de la culpabilité ou du jugement de soi inutile. Cependant, cela aide à prendre conscience que tout part de soi. Cette loi nous invite à cultiver des pensées et des actions positives, sachant qu'elles influencent notre expérience de vie. Elle nous encourage à être vigilants quant à nos paroles et nos actes, en reconnaissant leur pouvoir de façonner notre réalité.

2. LA LOI DE LA CRÉATION : « NOUS PARTICIPONS À LA RÉALISATION DE NOS SOUHAITS »

Cette loi aide à ne pas nourrir de dépendance avec l'extérieur. Elle aide à prendre conscience que dans la vie, il n'y pas de bons ou de mauvais choix, il n'y a que des choix. Il est très important de choisir par soi-même plutôt que de croire que c'est l'extérieur qui va trouver une solution et qui va diriger nos actions à notre place. Cette loi nous rappelle que nous sommes les cocréateurs de notre réalité. Elle nous encourage à prendre des initiatives concrètes pour matérialiser nos aspirations, plutôt que d'attendre passivement que les choses se produisent.

3. LA LOI DE L'HUMILITÉ : « ACCEPTEZ LES CHOSES TELLES QU'ELLES SONT »

Cette loi aide à intégrer le lâcher-prise. Elle aide à prendre conscience que la seule chose que l'on puisse contrôler, c'est ce qu'on nourrit en soi. Le reste est impermanent, incontrôlable et imprévisible. Cette loi nous invite à cultiver une attitude d'acceptation face aux circonstances de la vie, tout en nous encourageant à concentrer notre énergie sur notre connaissance personnelle. Elle nous enseigne la sagesse de l'adaptation plutôt que la résistance futile.

4. LA LOI DU DÉVELOPPEMENT : « NOTRE PROPRE ÉPANOUISSEMENT EST PRIMORDIAL »

Cette loi aide à se détacher des croyances limitantes que pour être une bonne personne, il faut se sacrifier pour les autres. Elle aide à prendre conscience qu'en étant bien avec soi, on est bien avec les autres. Elle souligne l'importance de l'auto-compassion et de l'harmonie personnelle comme fondements d'une vie épanouie. Cette loi nous encourage à investir dans notre bien-être et notre développement, en reconnaissant que c'est à partir de notre plénitude que nous pouvons véritablement contribuer au bien-être des autres.

5. LA LOI DE LA RESPONSABILITÉ : « NOUS SOMMES RESPONSABLES DE NOS ACTIONS »

Cette loi aide à créer de nouveau un lien avec soi en tant qu'acteur plutôt que de nourrir des croyances limitantes de fatalité ou de trouver des excuses pour ne pas être au centre de ses choix et de sa vie. Elle nous invite à assumer pleinement les conséquences de nos décisions, qu'elles soient positives ou négatives. Cette loi nous encourage à adopter une posture d'affirmation, en reconnaissant notre capacité à influencer le cours de notre vie par nos choix et nos actions.

6. LA LOI DE LA CONNEXION : « TOUT EST LIÉ DANS L'UNIVERS, DE L'INFINIMENT PETIT À L'INFINIMENT GRAND »

Cette loi aide à comprendre que nous sommes tous liés les uns aux autres et que notre passé constitue un enseignement pour mieux créer le présent et préparer les bases du futur. Elle nous invite à développer une conscience plus large de notre place dans le monde et de nos interactions avec les autres. Cette loi nous encourage à considérer l'impact à long terme de nos actions, en reconnaissant que chaque choix peut avoir des répercussions bien au-delà de notre perception immédiate.

7. LA LOI DE LA CONCENTRATION : « NOUS DÉFINISSONS DES PRIORITÉS »

Cette loi aide à définir des priorités et à s'organiser pour ne pas s'éparpiller et pour rester ancré. Le but est de garder un équilibre énergétique, psychique et émotionnel pour avancer à notre rythme et dans une direction que nous avons choisie. Elle nous invite à cultiver la clarté et la focalisation dans la poursuite de nos objectifs. Cette loi nous encourage à développer la discipline et la constance dans nos efforts, en reconnaissant que la concentration soutenue est souvent la clé du succès et de l'accomplissement personnel.

8. LA LOI DE L'HOSPITALITÉ : « SOIS BON AVEC TOI ET AVEC LES AUTRES »

Cette loi aide à comprendre que sans être dans une énergie de sacrifice, il est important d'avoir une empreinte minimale neutre, voire positive, sur les autres et sur le monde extérieur. Elle nous rappelle l'importance de l'équilibre entre l'amour de soi et la compassion envers autrui. Cette loi nous encourage à cultiver une attitude de bienveillance envers les autres, en reconnaissant que la bonté que nous diffusons contribue à créer un monde plus harmonieux pour tous.

9. LA LOI DU CHANGEMENT : « À MOINS D'ÊTRE CHANGÉE, L'HISTOIRE SE RÉPÈTE »

Cette loi aide à comprendre qu'on ne peut pas changer une situation avec l'énergie qui l'a créée. Elle aide aussi à comprendre que la zone de confort est mentale et que le monde est en perpétuel changement. Cette loi nous invite à embrasser le changement comme une opportunité de transformation intérieure. Elle nous encourage à être proactifs dans la transformation de nos schémas limitants, en reconnaissant que le changement personnel est souvent le catalyseur de celui de notre environnement.

10. LA LOI DE L'INSTANT PRÉSENT : « L'INSTANT PRÉSENT EST LA CLÉ DE L'ÉTERNITÉ »

Cette loi aide à comprendre que chaque instant est unique et que l'instant présent est la clé pour s'ancrer et pour vivre de beaux moments. S'ancrer totalement dans l'instant présent aide à vivre pour soi. Cette loi souligne l'importance de la pleine conscience et de la présence dans notre vie quotidienne. Elle nous encourage à apprécier la richesse de chaque moment, en reconnaissant que c'est dans le présent que nous avons le pouvoir de façonner notre expérience et de créer notre propre bonheur.

11. LA LOI DE LA PATIENCE : « LA PRÉCIPITATION N'EST PAS SIGNE DE RÉUSSITE »

Cette loi aide à comprendre que chaque chose a son rythme et que le but est de trouver le sien plutôt que de se comparer aux autres. Cette loi aide aussi à faire confiance aux synchronicités pour se détacher du contrôle et de l'impatience. Elle nous invite à cultiver la confiance dans le processus de la vie et dans notre propre cheminement. Cette loi nous encourage à apprécier les étapes intermédiaires de notre parcours, en reconnaissant que chaque expérience contribue à notre connaissance et à notre transformation intérieure.

12. LA LOI DE L'INSPIRATION : « LE MEILLEUR CADEAU EST CELUI QUE L'ON SE FAIT »

Cette loi aide à comprendre que l'essentiel est de nourrir ses énergies d'inspiration et d'apprécier leur retour sans les trouver injustes ou trop petites. Cela aide à accueillir la gratitude sous toutes ses formes. Cette loi aide à comprendre que la meilleure gratitude est celle que l'on se crée et non celle que l'on attend de l'extérieur. Elle souligne l'importance de nourrir notre propre créativité et notre joie intérieure. Elle nous encourage à reconnaître et à apprécier les petites victoires et les moments de bonheur dans notre vie quotidienne, cultivant ainsi une attitude d'abondance et de plénitude.

COMMENT SE CONNECTER À SON KARMA ?

La connexion à son karma est un processus profond et personnel qui peut être facilité par diverses approches. Voici une exploration détaillée des méthodes mentionnées.

UNE AIDE EXTÉRIEURE

L'aide extérieure peut prendre plusieurs formes.

- Consultation d'astrologues karmiques qui peuvent interpréter notre carte du ciel pour révéler des influences karmiques.
- Séances avec des thérapeutes spécialisés en régression dans les vies antérieures.
- Guidance auprès de personnes qui travaillent avec les énergies karmiques.
- Participation à des ateliers ou des retraites axés sur l'exploration du karma.

LA MÉDITATION

La méditation est un outil intéressant pour se connecter à son karma.

- Les pratiques de pleine conscience peuvent nous aider à observer nos schémas de pensée et de comportement sans jugement.
- Les méditations guidées axées sur l'exploration karmique peuvent nous aider à accéder à des souvenirs ou à des impressions de vies passées.
- Les techniques de visualisation peuvent nous permettre d'explorer symboliquement nos liens karmiques.
- La méditation régulière peut augmenter notre sensibilité aux messages de notre âme.

LES RÊVES

Les rêves peuvent être une fenêtre sur notre inconscient et nos influences karmiques.

- Tenir un journal de rêves pour repérer les thèmes récurrents qui pourraient avoir une signification karmique.

- Analyser nos rêves à la lumière des symboles et archétypes qui peuvent refléter des souvenirs karmiques.
- Être attentif aux rêves particulièrement vivaces ou émotionnellement chargés qui pourraient contenir des messages karmiques importants.

LES EXPÉRIENCES ET RELATIONS

Notre vie quotidienne est un terrain riche pour explorer notre karma.

- Observer les schémas récurrents dans nos relations, ils peuvent refléter des liens karmiques.
- Porter attention aux défis persistants dans notre vie, ils peuvent représenter des leçons karmiques à apprendre.
- Réfléchir sur nos talents naturels et nos passions, ils peuvent indiquer des compétences développées dans des vies antérieures.
- Être attentif aux rencontres fortuites et aux synchronicités, elles peuvent avoir une signification karmique.

LES OUTILS SPIRITUELS

Il existe de nombreux outils spirituels pour explorer notre karma.

- L'astrologie karmique peut transmettre des informations intéressantes grâce à nos nœuds lunaires, notre Lune noire et d'autres aspects karmiques de notre carte du ciel.
- La numérologie peut révéler notre chemin de vie et d'autres influences numériques liées à notre karma.
- L'utilisation de pendules ou de cartes divinatoires peut nous aider à accéder à des informations sur notre karma.
- Les techniques d'équilibrage énergétique comme le magnétisme peuvent aider à équilibrer les blocages karmiques.

Chacune de ces méthodes nous offre une approche intéressante pour nous connecter à notre karma. Il est important de choisir celles qui résonnent le plus avec nous et de les pratiquer avec ouverture d'esprit et régularité. La connexion à notre karma est un processus continu qui demande patience, compassion envers soi-même et volonté d'introspection profonde. Le but est d'essayer et non de toujours faire mieux. Le but est de devenir soi et non de devenir une meilleure version de soi-même. Le but est de s'accueillir tel que l'on est.

COMMENT TRAVAILLER SUR SON KARMA ?

Explorer et transformer son karma est un voyage intérieur qui nécessite introspection, conscience et action ; voici 9 pistes pour t'aider à travailler sur ton karma.

L'astrologie karmique aide à comprendre son karma négatif

L'astrologie karmique est un outil qui peut t'offrir des perspectives sur ton chemin d'incarnation. Elle se concentre sur trois aspects principaux.

- Nœud sud : il représente notre bagage karmique, les habitudes et les tendances que nous portons de nos vies passées.
- Lune noire : elle symbolise la partie refoulée de notre karma, les aspects de nous-mêmes que nous avons tendance à nier ou à cacher.
- Chiron : il représente notre blessure karmique qui, une fois reconnue et travaillée, peut devenir une source de transformation.

Connaître et comprendre son chemin de vie aide à comprendre les objectifs de son âme

Le chemin de vie, souvent calculé en numérologie, peut donner des indications sur la mission de notre âme dans cette vie. Comprendre ce chemin peut nous aider à aligner nos actions avec nos objectifs spirituels les plus profonds.

Comprendre ses dettes karmiques

Les dettes karmiques sont les leçons que nous avons besoin d'apprendre ou les expériences que nous vivons pour équilibrer les actions de nos vies passées. Les identifier peut nous aider à comprendre certains défis récurrents dans notre vie.

Prendre du recul sur ses relations

Nos relations, en particulier celles qui sont difficiles ou intenses, peuvent être des miroirs de notre karma. Observer nos schémas relationnels peut révéler des leçons karmiques importantes à apprendre.

Demander de l'aide extérieure pour comprendre et travailler son karma

Il peut être bénéfique de consulter des personnes qui travaillent sur le karma, des thérapeutes ou des praticiens en énergétique pour obtenir des perspectives extérieures sur notre chemin karmique.

Lâcher-prise et connexion avec l'instant présent

Le karma n'est pas une sentence, mais une opportunité d'apprentissage. Lâcher prise sur le passé et se concentrer sur le présent nous permet de créer un karma équilibré pour l'avenir.

Vivre chaque expérience comme une source d'apprentissage

Adopter une attitude d'ouverture et de curiosité face à toutes nos expériences, positives ou négatives, nous permet de tirer des leçons karmiques de chaque situation.

Accepter son imperfection et s'assurer de faire de son mieux avec les moyens que l'on a

L'acceptation de soi et l'effort constant de remise en question sont des clés pour travailler positivement sur son karma. Il s'agit d'expérimenter, pas d'être parfait. Il s'agit d'essayer et non de toujours réussir.

Créer une relation positive avec son être intérieur et ses émotions

Développer une connexion profonde avec soi-même et apprendre à gérer ses émotions de manière saine peut nous aider à naviguer plus efficacement à travers nos leçons karmiques.

En travaillant sur ces aspects, on peut progressivement modifier son karma négatif et créer un karma plus positif pour l'avenir. Il est important de noter que le travail sur le karma est un processus continu qui demande de la patience, de l'introspection et de la compassion envers soi-même.

EXERCICES

EXERCICE 1
LE CHEMIN DE VIE

Le chemin de vie t'aide à avoir des informations sur ton karma.

Pour le calculer, additionne les chiffres de ta date de naissance : JJ+MM+AAAA.

Garde le résultat si c'est 11, 22 ou 33. Pour tout autre cas de figure, additionne les chiffres correspondant au résultat pour obtenir un chiffre entre 1 et 9.

1. Besoin de liberté

Ton âme a connu des expériences où elle a été privée de sa liberté soit par son libre arbitre, soit à cause des autres. Ton âme n'a pas pu vivre sa vie en étant dans une vraie indépendance et dans une vraie liberté. Toujours disponible pour autrui, elle a fait les choses pour les autres, mais jamais pour elle.

2. Besoin d'équilibre relationnel

Ton âme a connu des vies où elle n'arrivait pas à clore des relations dans lesquelles elle n'était plus épanouie. Elle n'arrivait pas à faire cesser des situations qui ne lui convenaient plus et était très souvent dans une mémoire de sacrifice pour les autres. Elle est invitée à se détacher de ce schéma.

3. Besoin de création

Ton âme a connu des vies où elle n'a pas pu exprimer et nourrir ses désirs de création. Elle a aussi été marquée par des échanges superficiels et n'a pas pu construire des relations profondes avec les autres. C'est son désir dans cette vie-ci.

4. Besoin de réalisation professionnelle

Ton âme n'a pas pu se réaliser professionnellement comme elle le souhaitait. Elle a été obligée de sacrifier sa vie professionnelle, soit pour sa vie personnelle, soit pour les autres, et c'est son objectif de réussir sa vie professionnelle dans cette vie-ci.

5. Besoin de changements

Ton âme a été bloquée dans une routine étouffante dans ses anciennes vies. Son existence était faite d'obligations et de responsabilités et elle ne pouvait pas savourer l'instant présent. Elle ne pouvait pas non plus mettre en place de changements. C'est son choix dans cette vie-ci.

6. Besoin de créer une famille

Ton âme n'a pas pu créer la famille et des relations épanouissantes comme elle le souhaitait. Elle peut avoir aussi des relations karmiques bloquées ou inachevées. Elle n'a pas pu réaliser des projets personnels dans sa vie professionnelle. C'est son souhait dans cette vie-ci.

7. Besoin d'apprendre

Ton âme n'a pas pu apprendre ce qu'elle voulait dans ses anciennes vies. Elle a été frustrée de ne pas pouvoir apprendre et était toujours en contact avec les autres, ce qui fait qu'elle n'avait pas de moments rien que pour elle. Elle était là pour les autres, mais pas pour elle. C'est son choix dans cette vie-ci.

8. Besoin de transformation

Ton âme, dans ses anciennes vies, a refusé de se transformer intérieurement. Elle sait très bien qu'elle a des choses à travailler, mais elle est dans le refus de contrats d'âmes, que ce soit envers elle-même ou envers les autres. C'est son souhait dans cette vie-ci.

9. Besoin de spiritualité

Ton âme a expérimenté sa spiritualité dans ses anciennes vies et elle a besoin de continuer à le faire dans cette vie-ci. Que ces expériences soient positives ou négatives, elle a besoin de nourrir sa spiritualité.

11. Besoin d'intuition

Ton âme a eu un grand contact avec son intuition et son 3e œil, mais elle n'a pas réussi à l'équilibrer. Cela a pu créer des expériences négatives. C'est le besoin de ton âme dans cette vie-ci.

22. Besoin de penser

Ton âme a vécu de grands moments de doute et cela a créé une vraie paralysie karmique. Elle a été figée par les doutes et le besoin de contrôle. Elle a besoin de s'en détacher dans cette vie-ci pour créer un nouveau dialogue intérieur positif.

33. Besoin d'enseigner

Ton âme est ancienne et a un grand bagage karmique positif. Elle a besoin de l'enseigner aux autres. Elle l'a acquis, mais ne l'a pas encore transmis. C'est son besoin important dans cette vie-ci.

Regarde à quelles expériences de vie antérieure le chemin de vie est associé et pose-toi ces questions:

- Quels sont mes ressentis quand je lis mon passé karmique?

....

....

....

....

- Quel lien puis-je créer avec ma vie actuelle?

....

....

....

....

- Qu'est-ce que cela m'apprend sur moi ?

....

....

....

....

- Qu'est-ce que je souhaite créer pour et par moi-même ?

....

....

....

....

- Quelles actions concrètes puis-je mettre en place ?

....

....

....

....

EXERCICE 2

LES DETTES KARMIQUES

La dette karmique est en lien avec des choix personnels de l'âme lors de ses anciennes vies. C'est ce que ton âme considère comme des échecs et cela peut créer un grand poids intérieur.

Regarde le message associé à ton jour de naissance.

1. Liberté perdue par son propre libre arbitre lors de ses anciennes vies.
2. Relation inachevée ou négative à transformer dans cette vie-ci.
3. Projet de création avorté ou non mis en place.

4. Vie professionnelle sacrifiée.
5. Non-connexion à l'instant présent.
6. Relation familiale inachevée, négative ou non mise en place.
7. Utilisation d'informations erronées qui a eu des répercussions négatives.
8. Refus d'une transformation intérieure.
9. Expérience spirituelle ou connexion à la spiritualité à transformer.
10. Refus de se détacher du passé pour ouvrir un nouveau chapitre de vie.
11. Refus de se détacher de la mémoire du sacrifice.
12. Tromperie, trahison de la part de l'âme.
13. Comportements nuisibles envers les autres pour faire avancer sa propre carrière.
14. Actions négatives envers les autres au nom de la liberté de l'âme.
15. Abandon de situations stables avec des répercussions négatives sur les autres.
16. Relations toxiques personnelles renforcées par la mémoire transgénérationnelle.

17. Abandon d'un projet presque finalisé.
18. Accusation des autres au lieu de se remettre en question.
19. Autorité excessive envers les autres renforcée par la mémoire transgénérationnelle.
20. Refus de création d'une relation.
21. Refus de l'aide des autres.
22. Refus de voir grand pour ses projets.
23. Refus de création d'une famille stable.
24. Refus de créer une énergie d'abondance et de ressentir de la gratitude.
25. Refus de déléguer, avec un poids trop grand à porter.
26. Vie en solitaire qui a créé un poids.
27. Acceptation du conditionnement trop fort.
28. Manipulation des autres.
29. Expériences spirituelles négatives.
30. Actions négatives envers les autres.
31. Refus de découverte de soi.

Réponds aux questions suivantes :

- Qu'est-ce que cette dette éveille en moi ?

....

- À quelles expériences je pense quand je lis cette dette ?

....

- Qu'est-ce qui ne me convient plus aujourd'hui dans ma vie ?

....

- Pourquoi ?

....

- Comment puis-je changer les choses ?

....

- Par quelles actions concrètes ?

....

- Quels sont mes 5 grands principes de vie positifs ?

....

- Comment puis-je les appliquer dans mon quotidien ?

....

EXERCICE 3

L'EXPÉRIENCE IMPORTANTE DE L'ÂME

Regarde le message du mois de ton année de naissance pour comprendre l'expérience importante que souhaite vivre ton âme en fonction de son karma.

JANVIER : COMMENCER UNE NOUVELLE EXPÉRIENCE

Ton âme n'a pas osé commencer de nouvelles expériences dans ses anciennes vies et elle a besoin de le faire dans cette vie-ci. Elle a besoin de sortir de sa zone de confort et de dire « oui » à des choses qu'elle ne connaît pas.

FÉVRIER : TRANSFORMATION INTÉRIEURE

Ton âme a refusé pendant plusieurs vies de se transformer intérieurement et elle est bloquée. C'est son souhait dans cette vie-ci. Elle a besoin de faire son *shadow work* pour créer une nouvelle relation avec toutes les parties de son être.

MARS : ARRÊTER DE LUTTER CONTRE L'EXTÉRIEUR

Ton âme a comme karma la lutte contre le monde extérieur. Elle a tout vécu par la force et a eu l'impression de toujours devoir se battre contre l'extérieur. Elle ne croit plus dans la douceur et dans les synchronicités et a besoin de leur refaire confiance. Elle a besoin de créer une nouvelle relation de confiance avec le monde extérieur.

AVRIL : RÉCOLTER LES FRUITS

Ton âme a pris l'habitude de donner le maximum d'elle-même, mais ne reçoit pas les fruits de ses efforts. Elle a besoin de créer un nouveau lien avec l'abondance et la gratitude, de redevenir sa priorité et de donner à soi-même tout ce qu'elle souhaite apporter aux autres en premier.

MAI : ANCRAGE

Ton âme a vécu des expériences négatives à cause d'un manque d'ancrage. Elle a besoin de créer un nouveau lien avec son chakra racine, de transposer son monde intérieur dans son monde extérieur.

JUIN : RELATIONS STABLES ET DURABLES

Ton âme n'a pas pu créer de relations stables et durables et elle en garde un karma négatif. Elle a besoin de le faire dans cette vie-ci. Elle a besoin de se remettre en question pour créer de nouveaux partages positifs avec les autres.

JUILLET : AFFIRMATION DE SOI

Ton âme n'a pas pu s'affirmer comme elle le souhaitait dans ses anciennes vies. Elle a l'ombre comme karma. Elle a besoin de s'affirmer dans cette vie-ci, de montrer qui elle est face aux autres.

AOÛT : NOUVELLE CONNEXION À TA PARTIE SOMBRE

Ton âme, dans d'anciennes incarnations, n'a pas saisi les occasions d'équilibrer sa lumière et son ombre malgré les signes qui l'y invitaient. Elle a besoin de le faire dans cette vie-ci, de faire son *shadow work* et de regarder, accepter, comprendre et aimer sa partie sombre.

SEPTEMBRE : SPIRITUALITÉ

Ton âme n'a pas expérimenté toute sa spiritualité dans ses anciennes vies. Elle a besoin de le faire dans cette vie-ci, d'expérimenter différentes façons de faire et d'être pour redécouvrir sa propre spiritualité.

OCTOBRE : CRÉATION D'UN CADRE DE RÉFÉRENCE

Ton âme a épongé les idées des autres sans les digérer dans ses anciennes vies, ce qui a créé un karma négatif. Elle a besoin de le faire dans cette vie-ci. Elle a besoin de créer ses propres idées, opinions et pensées.

NOVEMBRE : CHANGEMENT

Ton âme a refusé le changement dans ses anciennes vies. Elle a besoin de le faire et de modifier régulièrement ses habitudes et ses actions pour ne pas rester dans une zone de confort figeante.

DÉCEMBRE : INCONNU/INÉDIT

Ton âme a refusé l'inconnu et l'inédit dans ses anciennes vies. Elle a besoin de le faire. Ton âme a besoin de voyages, de belles rencontres, de découvertes de différentes cultures pour s'apprécier d'une nouvelle façon.

Réponds ensuite aux questions suivantes. Sois bien à l'écoute de tes réflexions et de tes ressentis intérieurs.

- Qu'éveille en moi cette expérience importante ?

....

....

- Est-ce que cela peut m'aider à créer mon propre bonheur ? Pourquoi ?

....

....

- Ai-je besoin d'aide ? Si oui, de qui ?

....

....

- Quelles actions puis-je mettre en place pour réaliser cette expérience ?

....

....

- Quel mantra peut être ma source d'inspiration ?

....

....

EXERCICE 4

JE ME CONNECTE À MON KARMA

Installe-toi dans un endroit calme dans une position confortable.

Ferme les yeux et prends de grandes inspirations et expirations.

Pose ta main sur ton cœur et respire profondément, jusqu'à ressentir une forte chaleur dans les mains. Parle à ton âme et dis-lui : « Parle-moi de mon karma. »

Laisse venir à toi tes ressentis.

Accueille leurs différentes formes, que ce soit émotionnel, physique, des images, des flashs, des mots, etc.

Prends le temps dont tu as besoin.
Quand tu as terminé, ouvre les yeux.
Ensuite, sur une feuille, écris tes ressentis.

Qu'as-tu vu ?

....

....

....

Qu'as-tu ressenti ?

....

....

....

....

Comment vis-tu ces ressentis ?

....

....

....

....

Quelles informations importantes as-tu sur ton karma ?

....

....

....

....

Comment le vois-tu dans ta vie quotidienne ?

....

....

....

....

Que peux-tu faire pour travailler sur ton karma ?

....

....

....

....

....

EXERCICE 5

TIRAGE DES VIES ANTÉRIEURES

Installe-toi dans un endroit calme, et prends l'oracle de ton choix.

Bats les cartes et ferme les yeux.

Pendant que tu inspires et que tu expires, demande :

« Quels sont les messages de mon karma ? »

Prends ensuite le nombre de cartes en fonction de tes ressentis.

Quels sont les messages reçus ?

....

....

....

....

Quels enseignements as-tu reçus sur ton karma ?

....

....

....

....

Que peux-tu faire aujourd'hui pour créer un nouveau lien avec ton karma et avec ton âme ?

....

....

....

....

....

EXERCICE 6
QUESTIONNAIRE

Installe-toi dans un endroit calme et lis les affirmations suivantes.

Si la phrase fait résonance, écris le chiffre 1. Additionne ensuite tes réponses et regarde les résultats. Prends le temps d'y répondre en écoutant tes ressentis et tes réflexions intérieures.

- Je prends du recul face aux événements.
- J'écoute mes inspirations naturelles.
- Depuis toujours, je me pose des questions existentielles.

- J'ai besoin de découvrir mes capacités spirituelles.
- Je travaille mon lâcher-prise.
- J'écoute les ressentis de mes rêves.
- Je fais attention à mes ressentis pendant mes méditations.
- J'accueille mon imperfection.
- Je fais attention à ce que j'apporte aux autres.
- J'ai conscience que je suis responsable de ce que je nourris en moi.
- Je suis ancré.
- Je fais confiance aux synchronicités.
- Je me connecte à l'instant présent.
- Je fais attention à toujours faire de mon mieux.
- Je ne lutte pas contre les événements extérieurs.
- J'écoute ma voix intérieure.
- J'accueille ma partie sombre en tant qu'alerte.
- Je suis dans la gratitude de ce que je vis.
- Je me remets régulièrement en question.
- Je fais confiance à ce que j'aime.

RÉSULTATS

Entre 0 et 5

Tu n'es pas forcément connecté avec ton karma. Une partie de toi a peur de découvrir qui tu as été, pour des raisons qui te sont propres. Cela peut te bloquer dans une répétition de schémas et créer une dispersion d'énergies.

Questions à te poser pour créer une nouvelle relation avec ton karma :

- Pourquoi ai-je peur de me découvrir ?
- Qu'est-ce qui se répète dans ma vie alors que cela ne me convient pas ?
- Comment puis-je faire le premier pas vers moi ?
- Quelles actions puis-je mettre en place pour être dans la nouveauté et l'inédit ?

Entre 6 et 10

Tu as commencé à te connecter à ton karma, mais tu peux arrêter car cela te fait peur. Tu laisses tes peurs te conseiller et cela t'empêche de recevoir toutes les informations dont tu as besoin. Tu es invité à dépasser ces peurs pour te découvrir davantage.

Questions à te poser pour créer une nouvelle relation avec ton karma :

- Comment est-ce que je réagis face à la peur ?
- Cela me convient-il ? Pourquoi ?
- Comment puis-je dépasser mes peurs intérieures ?
- Par quelles actions concrètes ?

Entre 11 et 15

Tu as commencé à te connecter à ton karma et tu es invité à continuer. Cela va t'aider à donner un nouveau sens aux événements et tu vas découvrir un vrai trésor intérieur.

Questions à te poser pour créer une nouvelle relation avec ton karma :

- De quoi suis-je le plus fier aujourd'hui ? Pourquoi ?
- Qu'ai-je commencé de positif pour moi ?
- Comment puis-je continuer ?
- Quelles nouvelles actions puis-je mettre en place ?

Entre 16 et 20

Tu es connecté à ton karma et tu es invité à continuer. Cela t'aide à avoir confiance en tes ressentis et à poser tes besoins et tes limites.

Questions à te poser pour créer une nouvelle relation avec ton karma :

- Comment ai-je réussi à me connecter à mon karma ?
- Quelles ont été mes priorités ?
- Comment puis-je devenir ma propre source d'inspiration ?
- Quelles actions concrètes puis-je mettre en place ?

EXERCICE 7

LA GUIDANCE

Pense à un chiffre entre 1 et 9 et regarde le message associé.

Tu peux refaire cette guidance dès que tu le souhaites.

1. Libère-toi de cette croyance limitante que ton karma t'inflige. Ce qu'il te souffle n'est pas vrai et cela te bloque dans une énergie de fatalité. Cela crée des blocages et des événements imprévus. Vois ton karma comme une source d'enseignement et ose être libre dans ce que tu fais et ce que tu vis. Cela va t'aider à ouvrir un nouveau chapitre de vie.

2. Affranchis-toi de règles qui n'ont pas de sens pour toi. Tu t'imposes de suivre des choses et cela t'empêche de te révéler à toi-même. Plus tu vas te libérer de ces règles, plus tu vas découvrir des choses incroyables concernant ta spiritualité. Tu vas créer une très belle connexion avec de grandes capacités spirituelles.
3. Une partie de toi se sent vulnérable et en danger alors qu'il y a une très grande protection autour de toi. Actuellement et pour les trois mois à venir, tes guides ont une réelle présence à tes côtés. Tu es en train de vivre un moment fort et tes guides sont là pour te prodiguer des conseils et pour te protéger par leur présence. Continue d'avancer, tu es en sécurité.
4. Tu as besoin d'une pause. Depuis deux mois, ton corps t'envoie des signes qu'il est temps de te reposer. Tu as besoin de recharger tes batteries, car actuellement tes limites sont dépassées. Plus tu vas te reposer, plus tu vas créer un lien positif avec tes pensées. Cela va t'aider à recevoir des informations intérieures pour prendre des décisions importantes.

5. Avant la fin de l'année, une formation que tu suis ou que tu vas trouver va t'apporter beaucoup de positif. Cela va te permettre de nouer un nouveau lien avec tes capacités et te donner une vraie assurance pour créer quelque chose d'important pour toi. Cette formation t'aide à te connecter avec ton potentiel intérieur.
6. Tu entres dans une énergie où les synchronicités vont être très puissantes. Tu as juste à te laisser porter par le cours des événements. Fais confiance à tout ce qui arrive. Beaucoup de belles surprises sont en chemin pour toi dans les quinze jours à venir. Cela va te permettre de vivre de très beaux instants.
7. Tu es invité à faire quelque chose qui te fait du bien. Actuellement, tu es concentré sur des choses sérieuses et tu n'as presque plus de moments de joie. Tu as besoin de créer une nouvelle unité intérieure pour nourrir ces moments de joie, des joies simples qui t'aident à profiter de la vie. Cela va apporter une nouvelle bouffée d'air frais.

8. Tu as besoin de changement, de changer de direction, de modifier des choses. En étant dans cette énergie de changement, tu vas impulser un nouveau mouvement positif à tes énergies et à ta vie extérieure. Cela va t'apporter une nouvelle dynamique qui va créer un très grand bonheur.

9. Cette semaine, tu vas recevoir une nouvelle qui va te faire le plus grand bien. Ce n'est pas forcément une nouvelle que tu attends, mais elle va t'apporter une très grande joie. Cette nouvelle va t'aider à reprendre confiance en tes choix et dans les événements à venir. C'est une nouvelle qui va te faire chaud au cœur.

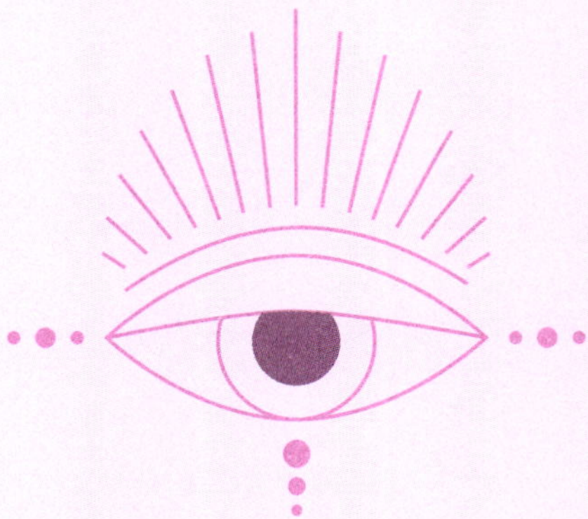

pca
cmb
édition pré-presse
livres numériques

44400 Rezé

Achevé d'imprimer en juin 2025
par Sepec-AGM en France.
Numéro d'impression : SA27315241006

DE LA MÊME AUTEURE, CHEZ GUY TRÉDANIEL ÉDITEUR

Le Guide du karma familial, 2025.

DE LA MÊME AUTEURE, CHEZ VÉGA ÉDITIONS

J'apprends à méditer avec les bols chantants, 2025.

Avec Sophie Trem

Everyday is a new day, « Feel Good Puzzle », puzzle de 500 pièces, 2021.
Let it Be, « Feel Good Puzzle », puzzle de 500 pièces, 2021.
Love is All, « Feel Good Puzzle », puzzle de 500 pièces, 2021.
Mon premier oracle enchanté – coffret, 2021.

Avec Ely Killeuse

Post-partum, les premiers mois de la vie de bébé, 2022.

Le Shadow Work d'Isabelle Cerf, 2024.
Answers Book pour communiquer avec les défunts, 2024.
L'Oracle des relations karmiques, 2025.

Explorations et Révélations, agenda 2024.
L'Oracle du silence des âmes, 2024.
Le Guide de mon âme, 2024.

Collection
Les Horoscopes
MAGNÉTIQUES d'Isa

Les Atlandes, cartes oracle – coffret, 2020.
Les Bâtisseurs, cartes oracle – coffret, 2020.
Les Monarques, cartes oracle – coffret, 2020.
Les Phoenix, cartes oracle – coffret, 2020.

DE LA MÊME AUTEURE, CHEZ GOOD MOOD DEALER BY EXERGUE

Avec Johann Chevillard, dans la collection « Ma Litho Box »

Enjoy!, 2021.
Here & Now, 2021.
Keep Calm, 2021.
Sweetheart, 2021.

Communiquer avec ses guides, 2025.
La Médiumnité en pratique, 2025.
Travailler avec les archanges, 2025.

Collection les Oracles d'Isa

Mission de vie, cartes oracle – coffret, 2019.
–, *18 nouvelles cartes oracle pour approfondir ses guidances* – coffret, 2021.
Le Chakra du cœur, cartes oracle – coffret, 2019.
–, *18 nouvelles cartes oracle pour approfondir ses guidances* – coffret, 2021.
Libération énergétique, cartes oracle – coffret, 2019.
Vies antérieures, cartes oracle – coffret, 2019.
La Puissance de la Lune, cartes oracle – coffret, 2020.
Lumières du jour, agendas 2020 et 2021.
L'Oracle de la voix des âmes – coffret, 2021.
L'Oracle des flammes jumelles et autres relations karmiques – coffret, 2021.
Les Nombres boussoles, 2022.
À la découverte du pendule, 2022.
AstroGuidances, agendas 2022 et 2023.
L'Oracle du cri des âmes, 2023.

DE LA MÊME AUTEURE, CHEZ LE MÊME ÉDITEUR

S'ouvrir à l'énergie des pierres, avec Johann Chevillard, 2020.
Le Guide du Lightworker, 2020.
Le Pouvoir insoupçonné de tes blessures et de tes blocages, 2022.

COLLECTION
L'ÉVEIL DE L'ÂME
www.leveildelame.fr

Les Annales akashiques, 2025.
Les Relations karmiques, 2025.
Les Corps énergétiques, 2025.
Les Voyages astraux, 2025.
Les Lignées karmiques, 2025.
L'Influence des planètes, 2025.

DATE : ....

LA RAISON POUR LAQUELLE JE SOUHAITE
ME CONNECTER À MON KARMA : ....

MÉTHODE UTILISÉE : ....

RESSENTIS :

....

....

....

QUEL LIEN PUIS-JE FAIRE AVEC MA VIE ACTUELLE ?

....

....

....

QU'EST-CE QUE CELA M'APPREND ?

....

....

QUELLES ACTIONS CONCRÈTES PUIS-JE METTRE EN PLACE ?

....

....

DATE : ....

LA RAISON POUR LAQUELLE JE SOUHAITE
ME CONNECTER À MON KARMA : ....

MÉTHODE UTILISÉE : ....

RESSENTIS :

....

....

....

QUEL LIEN PUIS-JE FAIRE AVEC MA VIE ACTUELLE ?

....

....

....

QU'EST-CE QUE CELA M'APPREND ?

....

....

QUELLES ACTIONS CONCRÈTES PUIS-JE METTRE EN PLACE ?

....

....

DATE : ....

LA RAISON POUR LAQUELLE JE SOUHAITE
ME CONNECTER À MON KARMA : ....

MÉTHODE UTILISÉE : ....

RESSENTIS :

....

....

....

QUEL LIEN PUIS-JE FAIRE AVEC MA VIE ACTUELLE ?

....

....

....

QU'EST-CE QUE CELA M'APPREND ?

....

....

QUELLES ACTIONS CONCRÈTES PUIS-JE METTRE EN PLACE ?

....

....

DATE : ....

LA RAISON POUR LAQUELLE JE SOUHAITE
ME CONNECTER À MON KARMA : ....

MÉTHODE UTILISÉE : ....

RESSENTIS :

....

....

....

QUEL LIEN PUIS-JE FAIRE AVEC MA VIE ACTUELLE ?

....

....

....

QU'EST-CE QUE CELA M'APPREND ?

....

....

QUELLES ACTIONS CONCRÈTES PUIS-JE METTRE EN PLACE ?

....

....

CARNET DE RESSENTIS

DATE : ....

LA RAISON POUR LAQUELLE JE SOUHAITE
ME CONNECTER À MON KARMA : ....

MÉTHODE UTILISÉE : ....

RESSENTIS :

....

....

....

QUEL LIEN PUIS-JE FAIRE AVEC MA VIE ACTUELLE ?

....

....

....

QU'EST-CE QUE CELA M'APPREND ?

....

....

QUELLES ACTIONS CONCRÈTES PUIS-JE METTRE EN PLACE ?

....

....

DATE : ....

LA RAISON POUR LAQUELLE JE SOUHAITE
ME CONNECTER À MON KARMA : ....

MÉTHODE UTILISÉE : ....

RESSENTIS :

....

....

....

QUEL LIEN PUIS-JE FAIRE AVEC MA VIE ACTUELLE ?

....

....

....

QU'EST-CE QUE CELA M'APPREND ?

....

....

QUELLES ACTIONS CONCRÈTES PUIS-JE METTRE EN PLACE ?

....

....

DATE : ....

LA RAISON POUR LAQUELLE JE SOUHAITE
ME CONNECTER À MON KARMA : ....

MÉTHODE UTILISÉE : ....

RESSENTIS :

....

....

....

QUEL LIEN PUIS-JE FAIRE AVEC MA VIE ACTUELLE ?

....

....

....

QU'EST-CE QUE CELA M'APPREND ?

....

....

QUELLES ACTIONS CONCRÈTES PUIS-JE METTRE EN PLACE ?

....

....

DATE : ....

LA RAISON POUR LAQUELLE JE SOUHAITE
ME CONNECTER À MON KARMA : ....

MÉTHODE UTILISÉE : ....

RESSENTIS :

....

....

....

QUEL LIEN PUIS-JE FAIRE AVEC MA VIE ACTUELLE ?

....

....

....

QU'EST-CE QUE CELA M'APPREND ?

....

....

QUELLES ACTIONS CONCRÈTES PUIS-JE METTRE EN PLACE ?

....

....